# L'ALGÉRIE,

# YOUSSEF-BEY

## ET

# ABD-EL-KADER ;

### Par J. OTTONE,

Agent de change à Tunis, mandataire à Paris de plusieurs négocians
français de Tunis et de Marseille.

## Paris.

### CHEZ JULES LAISNÉ, LIBRAIRE-ÉDITEUR,

GALERIE VERO-DODAT, N° I.

—

1837.

# L'ALGÉRIE,

# YOUSSEF-BEY

## ET

## ABD-EL-KADER.

### A MONSIEUR LOUIS ***.

Paris, ce 13 juin 1837.

J'ai reçu, Monsieur, la lettre, en date du 9 courant, par laquelle vous me faites l'honneur de me demander mon opinion développée sur le système qu'il serait bon de suivre dans nos possessions africaines. Vraisemblablement, le séjour permanent de douze années que j'ai fait dans le nord de l'Afrique, et qui m'a permis d'en apprécier les mœurs et tout l'état social, me mettrait à même de vous satisfaire pleinement ; mais, comme je suis sur le point de publier *un grand et consciencieux ouvrage sur la régence de Tunis,* ouvrage où l'on trouvera, j'espère, la solution de toutes les questions qui regardent l'Afrique (1), et qu'ainsi, Monsieur, je ne pourrais, sans déflorer fâcheusement cet ouvrage, vous adresser les développemens que vous désirez, je vous prie de trouver bon que je me borne, dans la présente, à répondre à quelques points seulement de votre lettre.

Avant tout, Monsieur, fixons-nous sur ce que vous appelez

(1) Cet ouvrage, fruit de longues et laborieuses recherches faites pendant un séjour de douze années dans la régence de Tunis, sera orné de gravures figurant les principales villes et les points les plus pittoresques de cette régence.

le système *guerroyant*, système que vous dites funeste au succès de notre colonie. D'abord, il me semble qu'on ne peut voir dans la guerre aucun système, sans accuser la France de prendre plaisir à arroser du noble sang de ses enfans la terre des Arabes, depuis si long-temps barbare et inhospitalière, lorsqu'il est en son pouvoir de rester en paix, et, par conséquent, sans méconnaître sa générosité et son humanité. Non, Monsieur, non, la France fait la guerre à qui la lui fait ou à qui ose insulter à sa dignité. Or, il n'a jamais dépendu que des Arabes d'avoir la paix.

Vous dites que la possession de Constantine et de toute autre ville frontière vous paraît inutile et même dangereuse au développement et au succès de notre colonie. Je soutiens, moi, au contraire, que la possession de Constantine et de toute autre ville frontière est si nécessaire, si indispensable, que notre gouvernement reconnaîtra tôt ou tard le besoin de cette possession. Je m'appuierai ici de l'opinion qu'on lit dans les *Explications* de M. le maréchal Clausel :

« Quand on ne veut pas que les voleurs entrent dans une
» maison, on commence par en fermer les portes : les plus
» grands principes de guerre se réduisent souvent à des appli-
» cations aussi simples et aussi vulgaires que celle-là; l'occu-
» pation de Tlemcen et de Constantine n'est pas autre chose.»

Indépendamment de l'opinion sage et éclairée de M. le maréchal Clausel, permettez-moi, Monsieur, de vous rappeler les paroles suivantes, prononcées à la tribune de la chambre des députés, le 9 juin 1836, par l'homme éminent en lumières, en talens et en patriotisme, qui présidait alors le conseil : « Eh
» bien ! je dis que, si vous vous bornez à n'occuper que le lit-
» toral, vous aurez la guerre à vos portes ; on viendra sous
» les murs d'Oran, d'Alger et de Bône insulter vos garnisons ;
» on ne pourra pas même cultiver les fourrages aux portes de
» ces villes, et vous serez obligés de tirer, non-seulement les
» céréales, mais encore les fourrages de la métropole.» Ces pré-
dictions ne se sont que trop malheureusement réalisées.

Maintenant, veuillez me permettre aussi de vous rappeler quelques-uns des principaux moyens dont se servaient les Turcs pour maintenir leur pouvoir à Alger, pouvoir qu'ils ont conservé pendant plus de 200 ans, et qu'ils possèderaient sans doute encore aujourd'hui, si les armes françaises ne fussent allées le leur arracher. Or, ils se maintenaient dans ce pouvoir en excitant les tribus arabes les unes contre les autres, en se présentant ensuite comme pacificateurs, et s'arrangeant toujours du côté du plus fort; en faisant combattre des tribus rebelles par d'autres tribus, en accordant à celles-ci, pour un certain temps, l'exemption de tout impôt, pour récompense de leur concours.

Ce qui contribua puissamment encore à affermir leur pouvoir chez ces peuples, ce n'était pas sans doute leur force numérique (puisqu'ils n'avaient pas plus de 12,000 hommes de troupes turques disséminées dans les diverses villes du littoral et dans toutes celles des frontières); mais c'était de faire exécuter *à mort et en secret* tout individu suspect; d'avoir su mettre dans leur parti, tout en leur inspirant la terreur, les Maures et les Juifs, lesquels préféraient encore à la barbare indépendance des Arabes le despotisme du gouvernement turc ; c'était de faire faire des prêches par des marabouts soudoyés au milieu de ces peuplades insoumises ; c'était le pouvoir spirituel du Grand-Seigneur, l'image du prophète chez les Turcs, pouvoir qu'ils faisaient sonner haut chez les Maures ; c'était leur conformité de religion avec les Maures et les Bédouins; c'était enfin leur indifférence pour toute religion quelconque des tribus nomades.

Par la possession des villes frontières, ils empêchaient que les populations et les gouvernemens des différentes régences pussent conspirer contre leur pouvoir; et par la possession de ces villes et de celles du littoral, ils avaient fait sentir aux Arabes la nécessité de reconnaître leur autorité, s'ils voulaient un débouché pour leurs produits.

N'est-on pas autorisé, Monsieur, à conclure de ce qui précède que l'occupation des villes frontières et de tous les points du littoral de l'Algérie est nécessaire et indispensable? Donc, je le répète si Constantine, Tlemcen et toute autre ville frontière ne sont pas sous notre domination, il ne peut y avoir ni tranquillité, ni avenir pour notre colonie.

Il y a plus, vous dites que la France n'a pas besoin, pour relever dans l'esprit des Arabes l'honneur de notre drapeau, de faire ses preuves même auprès des Arabes. Ici, encore, j'ai le malheur de penser autrement que vous. L'échec éprouvé par nos armes à Constantine a produit l'effet le plus fâcheux contre nous, non seulement chez les peuples de l'Algérie, mais encore chez ceux de Tripoli et de Maroc, et chez ceux de Tunis particulièrement, dont le gouvernement n'a pas craint d'enfreindre nos traités, de retenir injustement à d'honorables négocians français des capitaux importans; gouvernement que l'on peut considérer comme la cause principale de l'acharnement des Arabes contre nous, puisqu'il a permis que des fusils, des boulets, des munitions, des canons et des soldats même passassent par ses états.

J'ose espérer, Monsieur, que l'intérêt de notre colonie, celui de notre commerce à Tunis et dans les autres états barbaresques et l'honneur national outragé, vous feront renoncer à des opinions que vous n'auriez pas eues, sans doute, si vous eussiez été mieux renseigné sur l'Afrique; et je fonde cette espérance sur les patriotiques sentimens qui vous animent.

Quant au *système pacificateur* qui, selon vous, est le seul propre à assurer la tranquillité et la prospérité de nos possessions, je me crois fondé à vous prédire qu'il ne réussirait pas à soumettre à notre domination les peuples de l'Algérie, et que l'on doit peu compter sur l'exécution de tout traité conclu avec des hommes que leur mauvaise foi, leur ruse et leur barbarie rendent incapables de toute civilisation, de toute constitution sociale.

En effet, en supposant qu'ils cessent de nous combattre, ils auront la paix; mais souvenez-vous bien que cette paix ne pourra être ferme et stable, tant que nous ne serons point maîtres des villes frontières et de tous les points du littoral.

Indépendamment de ce qu'on n'a pas reconnu cette première nécessité d'où dépend essentiellement la tranquillité de l'Algérie, deux fautes ont été commises, lesquelles seront cause que les *Bédouis* et les tribus nomades ne pourront de long-temps comprendre la différence qu'il y a entre le despotisme turc et la liberté française.

Voici mes explications sur ces deux erreurs.

Vous n'ignorez pas, Monsieur, que la population générale de l'Algérie, comme de toutes les puissances barbaresques, se compose de Maures, de Turcs, de Juifs, de Bédouis (laboureurs) et d'Arabes nomades; que les trois premières classes de cette population pouvaient seules inspirer aux Bédouis et aux tribus nomades qui forment plus des trois quarts de la population de la régence, une opinion favorable sur le compte du gouvernement français. Eh bien! lorsque les Maures ont émigré par suite de craintes qui leur étaient inspirées par des intrigans qui voulaient acheter leurs immeubles au quart de leur valeur réelle, il était nécessaire que l'administrateur de la colonie s'opposât à leur départ, en leur assurant une position tranquille et privilégiée même; ou ne l'a pas fait, et l'on a eu tort. Tels sont les puissans auxiliaires qu'avaient su se ménager tous les conquérants primitifs de l'Algérie, et que nous avons perdus par notre fait.

Mais, dira-t-on, les Turcs ont été embarqués et transportés dans le Levant, dans la crainte qu'ils ne conspirassent contre nous. Je veux qu'il y en eût dans le nombre quelques-uns de turbulens et que l'on devait exiler de l'Algérie; mais bien certainement ils ne l'étaient pas tous, et ceux d'entre eux qui étaient paisibles, disséminés dans différens corps de troupes, et bien traités, fussent devenus pour nous d'utiles auxiliaires. On a donc mal fait en ne les retenant pas.

La seconde erreur dont je parle se rapporte au traité qui a été conclu avec Abd-el-Kader.

Nos armes ont conquis l'Algérie. La France ne doit reconnaître dans son domaine que sa propre domination. Si chaque fois que les Abd-el-Kader, les Ahmed-Bey et autres *soldats heureux* parviennent à soulever des tribus paisibles, à faire éclater la guerre civile parmi elles, la France consent à reconnaître à ces barbares un droit de souveraineté, il est évident qu'elle doit renoncer non seulement à toute colonisation, mais même à toute occupation de l'Algérie, quelque restreinte qu'elle soit. Abd-el-Kader n'est qu'un *soldat heureux*. Il a trahi la France d'abord, il a violé ensuite un traité conclu avec elle. Et lorsque la guerre est devenue funeste à ce farouche guerrier, lorsque la France est parvenue à inspirer de la terreur aux tribus qu'il avait entraînées dans son parti, et lorsque enfin ces tribus allaient l'abandonner, redoutant l'incendie de leurs moissons et l'enlèvement de leurs bestiaux, on conclut un second traité avec lui! Eh bien! attendez que les récoltes soient faites et les grains enfouis, et vous verrez ce qu'il en sera de ce traité! Quelle garantie peut offrir un homme qui a trahi la France, qui a violé son premier traité avec elle? N'est-il pas évident que cet homme ne se fera jamais scrupule de ces trahisons et violations?

Il ne manquerait plus à la France, pour avoir cruellement à se repentir de son dernier traité avec Abd-el-Kader, que de lui avoir reconnu le titre de sultan, que d'avoir fixé les limites de ses états, et de lui avoir laissé quelques points du littoral.

En reconnaissant à Abd-el-Kader le titre de sultan, la France se serait très-déconsidérée chez les Arabes. En concluant avec lui un traité relatif à la délimitation de ses états, la France le

reconnaîtrait souverain, n'importe le droit quelconque de su-
zeraineté qu'elle pourrait se réserver. Enfin, en laissant en la
possession d'Abd-el-Kader un seul point du littoral, quelque mi-
nime qu'il fût, il y élèverait une ville, nul doute. Mais arrê-
tons-nous particulièrement sur ce qui arriverait, si la France re-
connaissait Abd-el-Kader souverain dans un traité conclu avec
lui ; les puissances européennes ne pourraient-elles pas aussi
le reconnaître souverain, et conclure avec lui des traités ? Ne
pourraient-elles pas envoyer des consuls dans ses états ? —
Naturellement, si un de ces consuls venait à être insulté, la
puissance à laquelle il appartiendrait vengerait cette insulte en
s'emparant des états d'Abd-el-Kaker. Que ferait alors la
France ? Pourrait-elle empêcher qu'une puissance insultée ti-
rât la même satisfaction qu'on ne lui a pas contesté le droit de
tirer dans une circonstance analogue ? Mais il est inutile de
pousser plus loin ces raisonnemens, tout bâtis sur des hypo-
thèses, puisqu'on ignore la teneur du traité qu'on vient de
conclure avec Abd-el-Kader ; et je passe à l'opinion défavorable
que vous manifestez sur le compte du commandant Youssef.

Qu'est-ce qu'un mamlouk ? Vous me répondrez : c'est un
vil domestique. Erreur, Monsieur.

Mamlouk vient du mot arabe *malaka* (posséder). Or, un
mamlouk est bien un esclave chez les peuples de la Barbarie ;
mais ceci mérite explication. Tout chrétien, juif, grec ou tout
autre homme étranger au culte de Mahomet, qui tombait au
pouvoir des Barbares, devenait esclave, et après son abjura-
tion *mamlouk*. Depuis le roturier jusqu'au prince qui franchis-
sait les mers à l'époque de la piraterie, il y avait risque pour
tous de tomber dans l'esclavage. Suivant l'âge, les qualités et
les talens de ces mamlouks, on leur fixait un emploi. Or, ces
individus, tout esclaves de *nom* qu'ils étaient, pouvaient par-
venir aux plus hautes positions, et quelquefois même au trône,
ce qui est prouvé par l'histoire des peuples de la Barbarie. Les
plus jeunes *mamlouks* étaient entretenus dans des écoles aux
frais du gouvernement, et, dès qu'ils avaient l'âge voulu, on

les enrôlait dans un corps de cavalerie qui avait même importance que notre ex-garde royale. Les individus qui composaient ce corps n'étaient certes pas des domestiques, et Youssef l'était moins encore, puisqu'il y occupait un grade correspondant à celui que la France lui a conféré et qu'il a su si bravement mériter.

Quant au mépris que les Arabes, dites-vous, ont pour le commandant Youssef, quant aux insinuations tendant à rendre suspecte sa fidélité à la France, je vous demanderai, Monsieur, quel est l'homme le plus haut placé que la calomnie n'ait jamais atteint? N'est-ce pas une maladie du siècle que la calomnie?

Sur ce propos, Monsieur, trouvez bon que je vous offre une preuve de la facilité avec laquelle on entache l'honneur et la réputation d'un homme. Je fus naguère m'informer dans une maison de la demeure du commandant Youssef. Là, je trouvai un grand Monsieur à moustache, qui, entendant résonner à son oreille le nom de Youssef, parut éprouver des crispations. — Ah! ah! que vient donc faire cet intrigant à Paris? demanda-t-il à la personne à laquelle je m'adressai. — Je l'ignore, répondit-elle. Et se tournant vers moi : — Est-ce que vous le connaissez? me demanda-t-il. — Il paraît que vous ne le connaissez pas, lui répondis-je.— Oh! non. Ce que j'en dis là, je l'ai entendu dire par d'autres personnes. Quant à moi, je ne connais ni Youssef, ni l'Afrique, et ne désire nullement les connaître.

Ne se pourrait-il pas, Monsieur, que vous eussiez erré de même sur le compte du commandant Youssef, faute de connaître les hommes et les choses de la Barbarie?

Je terminerai, Monsieur, cette partie de ma lettre par un conseil que je prends la liberté de donner au commandant Youssef, et que, comme juste appréciateur de son honorable conduite, dont j'ai les preuves les plus authentiques en mon pouvoir, je l'engage fortement à suivre.

Je lui rappellerai d'abord ces dictons arabes : *Cheval envié a le poil luisant : plus tu es envié, plus tu es calomnié : plus tu brilles, et plus tu brilleras.* — Ne t'alarme pas, lui dirai-je ensuite, des attaques de la calomnie. Des personnages plus haut placés que toi n'y ont pas échappé. Conserve soigneusement les bonnes qualités qu'on a toujours reconnues en toi, et qui sont la générosité, la bravoure et la fidélité au pays auquel tu appartiens aujourd'hui. Continue à faire ton devoir, en méprisant des calomniateurs, plus envieux de ta gloire que de toi. Adieu; la paix sur toi !

Relativement, Monsieur, au système violent que vous dites avoir été employé par Youssef dans la perception de l'impôt de Tlemcen, je vous répondrai par ce proverbe italien : *Paese dove vai usi come trovi* ( Suis les usages du pays où tu vas ). Si vous connaissiez, Monsieur, les mœurs et les usages des indigènes du nord de l'Afrique, vous ne seriez pas surpris qu'il faille les violenter pour obtenir ce qui est de la plus stricte justice. Un jour, un kaïd à Tunis fut imposé par le gouvernement à une somme de 6000 piastres. Ce kaïd était riche au vu et su de tout le monde; néanmoins il ne voulut pas payer cet impôt; j'eus compassion du malheur qui le menaçait, et je l'exhortai à s'exécuter. — Non, me dit-il. — On vous donnera des coups de bâton; prenez-y garde. — Oh! que le bâton vienne, et Dieu ouvrira le chemin. Le gouvernement ne manqua pas de recourir au bâton; le kaïd en reçut jusqu'à soixante coups, après lesquels il déclara qu'il paierait. Mais le gouvernement, ne voulant plus se contenter alors de 6000 piastres, exigea le double de la somme; et le kaïd la paya exactement.

En vérité, Monsieur, je ne puis comprendre d'où vient cette pitié et cette compassion pour le sang arabe, et cette indifférence pour le sang français! J'étais, il y a trois jours, à la séance de la chambre des députés; j'ai éprouvé à plusieurs reprises des mouvemens convulsifs provoqués par l'indignation que me causaient l'affirmation de certains faits d'une part, et la nature de certaines questions de l'autre.

Eh quoi! l'on affirme que neuf prisonniers arabes ont été décapités, quoique le combat fût fini et que tout fût tranquille,
et l'on omet de dire que l'on a usé d'une juste représaille pour
les dix Français, prisonniers chez les Arabes, qui venaient
non seulement d'être décapités après le combat et le rétablis-
sement de la tranquillité, mais encore hachés en morceaux et
salés comme des porcs!

On demande ensuite combien payait-on les têtes d'Arabes? Il fallait faire cette question aux agens mêmes des Arabes à Paris, qui ne manquent pas de faire savoir à leurs chefs
à Alger tout ce qui se dit et se fait à Paris. Ces agens eussent
été embarrassés pour répondre, puisqu'aucun Français n'est
capable de cet excès de barbarie et d'ignominie ; mais ils
eussent très-bien pu faire connaître le prix auquel les Arabes
payaient les têtes et les oreilles françaises.

Sans doute une pareille demande n'eût pas été faite, si l'on
eût bien voulu se rappeler la manière dont Abd-el-kader traite
ceux des prisonniers auxquels sa féroce vertu veut bien con-
server la vie, ainsi que les horreurs et les infamies que com-
mettent sur de paisibles colons, hommes, femmes ou enfans,
ces sauvages tribus qui ont, je ne sais pourquoi, le bonheur
d'inspirer tant de pitié à des hommes chargés de régler le des-
tin de notre patrie !

Agréez, Monsieur, l'assurance de ma parfaite considé-
ration.

J. OTTONE FILS.

*P. S.* Je viens de lire des détails sur l'entrevue du général
Bugeaud et du *sultan improvisé*. Il me semble qu'on tire de
bien singulières conclusions de l'esprit, du langage, des
mœurs et du vêtement même de ce sultan. On dit qu'il a fait

attendre pendant plus de six heures le général français au lieu du rendez-vous ; que celui-ci, ne le voyant pas venir, a dû aller le chercher ; qu'il a qualifié ce retard d'indécent ( qualification assez juste ) ; qu'Abd-el-Kader s'est assis sans engager le général à en faire autant ; qu'au moment de leur séparation, le général s'étant levé et Abd-el-Kader restant assis avec un air de prétention, le général dut lui tendre la main pour le faire lever.

On regarde toutes ces impolitesses comme des marques des bonnes dispositions d'Abd-el-Kader à notre égard. Ainsi, on trouve bien que ce soit nous qui allions au devant d'Abd-el-Kader, tandis que c'était à lui de venir implorer la générosité de la France.

Il y a plus, on veut voir une preuve de son ardent désir de la paix dans sa prétention que Tlemcen lui soit remise avant qu'il n'ordonne la reprise de nos relations *commerciales* avec les tribus de sa dépendance, et jusque dans sa réponse que les Arabes ne redoutaient ni la guerre, ni l'incendie de leurs moissons, et que nous avions plus besoin d'eux qu'ils n'avaient besoin de nous. Enfin ( et c'est là l'interprétation la plus extraordinaire et la plus piquante que l'on puisse faire ), on conclut des habits usés, râpés et sales du *sultan improvisé*, une grande recherche de simplicité, comme si jamais *simplicité* et *saleté* pouvaient être synonymes. En vérité, Monsieur, si l'on voyait Abd-el-Kader avec les yeux de l'amour, pourrait-t-on le voir d'une manière plus flatteuse pour lui?

Pour ce qui est de la *jolie* et *faible* main que cet Arabe si *pacifique* et si *simple* a tendue au général Bugeaud, qui a été obligé de le prévenir, en cela, je puis vous assurer qu'aussitôt après le départ du général français, il l'aura purifiée par de nombreuses ablutions.

Tout ce que je puis vous dire en finissant, c'est que mon opinion sur l'impossibilité de l'exécution d'un traité avec Abd-el-Kader est encore fortifiée par l'importance qu'attache cet homme à la reddition de Tlemcen, et que de l'empressement qu'il met à l'obtenir je conclus des intentions très-hostiles.

IMPRIMERIE DE FÉLIX MALTESTE ET Cie,
RUE TRAINÉE SAINT-EUSTACHE, 15 ET 17.